너를 다시 물고기로 만들고 싶어서

문성해 시집

시인동네 시인선 254　　　　　　　　　　　문성해 시집

너를 다시 물고기로 만들고 싶어서

시인동네

시인의 말

동백을
엮으려 했는데

동백이
다 지고 없네.

2025년 5월
문성해

차례

시인의 말

제1부

초록의 사용법 · 13

5월 · 14

지두화(指頭畵) · 16

빗방울의 일 · 18

곡선 · 20

오늘은 벚꽃 · 21

눈사람들 · 22

천둥과 번개 사이 · 24

생활 · 26

일석 선생이 사랑한 흰 꽃 등나무 · 28

강아지풀을 불러주다 · 29

냉이라는 이름 · 30

일산호수공원 · 32

그늘을 일으키는 법 · 34

제2부

발견에 대하여 · 37

고수 · 38

해골의 나라 · 40

불의 나라 · 42

어떤 나무 · 45

수몰지구 · 46

빵구나 뺑 · 49

공원의 왕 · 52

연못이 된다는 거 · 54

출근길의 유령들 · 56

백만 번 태어나는 사람 · 58

문 워크 · 60

대형 매장의 존재 가치 · 62

다이빙대 · 64

제3부

천변 · 67

언 토마토를 손에 쥐고 · 68

재희니트 · 70

벤치 · 72

야생 · 74

숨의 방식 · 76

보자기에 밥통을 싸서 안고 · 78

나사는 나사를 낳고 · 80

또, 봄밤 · 82

꽃밭은 열무밭이 되고 · 84

undertaker · 86

셀파 · 88

폭설 · 90

완전한 망각 · 92

제4부

사유지 · 95

시집 읽기 · 96

비의 혈연 · 98

시인의 나라 · 100

거대한 변기 · 102

사람의 일 · 104

소년기 · 106

혈거시대 · 108

젖내 · 110

나의 기차 · 112

어른 · 114

좋은 시인 · 116

바보 사막 · 118

해설 무위와 야생으로 진화하기 · 119
  신상조(문학평론가)

제1부

초록의 사용법

새들에겐
분방한 회전문

연인들에겐
풀물 밴 사랑의 침대

나무에겐
청춘의 부싯돌

무덤에겐
통풍 좋은 이불

나는 이것을
음표로 빚네

동글동글
일 년을 복용할
환으로 만드네

5월

옷장 안에 숨은 양아
나오지 않을래?

들판에 모락모락
초록이 발기되고 있어

옷감을 씹어대느라
겨우내 닳은 네 어금니에
부드러운 풀의 심지를 씹게 해줄게

갈라진 발굽을 내려다보며
어디로 갈까 헷갈리는 양아

햇살 미끄럼틀 장착한 언덕은
저쪽이란다

대신 양아, 나를
네 푸른 위 속에 잠깐만 머물게 해줄래?

내 늘어진 장기들에게
초록의 탄환을 장전시켜 줄래?

되새김질하는 네 어금니를
반나절만 가지게 해줄래?

양아,
어서 나와서 저 언덕을 다 가져가

너의 둥근 뿔에 황금빛 나이테를 두르게 해줄게

지두화(指頭畵)

팽개쳐 놓은 붓은 굳어 있고
먹 가는 아이도 없는 한낮

그럴 때면 꼭 마음에 그림은 얼쩡거려
붓 찾고 말고 할 새도 없이
대뜸 손가락에 먹물부터 찍고 봤다지

두 손이 재산이고 도구인 옛날엔
흐늘거리는 맘에다 먹물을 찍었다지
여차하면 달아날까
절박함이 그랬다지

옛날엔 손가락이 붓처럼 휘어지기도 잘해서
더부룩한 덧칠 같은 건 아예 하지도 않았다지

뭉툭한 획 속엔 노리끼한 담뱃내도 배였을 거야
손톱 끝에 까맣게 파고든 신명(神命)은
밭을 갈 때나 사랑을 할 때도 늘 먼저였겠지

주막집 골목도 먼저 휘저어 갔겠지

옛날에는 손가락이 머리보다 밥보다 먼저여서
붓도 노래도 되는 것은 일도 아니었을 거야

빗방울의 일

나뭇잎에겐
돋아나는 음표

새들에겐
바람과는 다른 볼륨의 터치

호수에겐
끊이지 않는 느낌표

빈혈의 무덤에겐
노곤한 수혈

구름에겐
살아있는 명분

처마에겐
오지랖

다리에겐
품어야 할 슬하

바람에겐
밀고 가야 할 적군

머리맡 새 장화에겐
기대되는 모험

우산에겐
즐거운 비명

산 22번지 독거노인에겐
돌이킬 수 없는 죄책감

나에겐
누군가 오래전부터 오겠단 전언

곡선

마지막 감잎이 떨어질 때
담장 위로 나의 늙은 고양이가 뛰어오를 때
첫 눈송이가 내릴 때
꽃이 질 때

구름의 어깨
밤 기차의 허리
누대의 재봉틀 등허리
아버지의 안경 테두리
해변의 가장자리

나는 이것이 둘러싸인 주걱으로
아침에게 먹일 밥을 푼다

오늘은 벚꽃

 봄이라고 공원인데 오늘은 외할머니가 내 안에 큰 키를 웅크리고 들어와서는 그 볼 넓은 발을 내 오목한 발에 접어 넣고 난분분 벚꽃길을 절뚝절뚝 걸으시나 오늘은 암만해도 꼿꼿한 허리로 마실 공터에서 장구 치던 외할머니의 덩더쿵 덩더쿵 거리던 눈 속만 같아라 정자나무 곁 팽팽한 벚꽃들 아래 그보다 더 늙음이 팽팽한 외할머니며 외할머니 친구분들이 장구며 꽹과리로 낮술에 온갖 묵은 흥취 깨워낼 때 삼수갑산 돈 벚꽃들 한올 한올 배추흰나비인 양 펄럭거려 어린 나는 자꾸만 팔을 휘휘 내저었지 징하디징한 그 벚나무들이 경북 상주에서부터 경기도 북부하고도 먼 이곳까지 날아와 헐떡이는 오늘은 내 여섯 살 어린 방에서 산발한 채 눈 뜨고 돌아가신 외할머니가 내 안에 들어앉아 자꾸만 이쪽으로 저쪽으로 가자 가자 해쌓는다 장정 서넛은 일궈야 하는 서 마지기 밭뙈기를 한나절에 다 맨 그 큰 손으로 내 머리채를 휙휙 잡아채며 벚꽃들 환한 웃음의 목젖을 태풍의 눈인 양 자꾸만 치어다보라 하시는 것이었다

눈사람들

오늘 태어난 사람들
생일이 똑같은 사람들

밤이 되면 버려지는 사람들
돌아갈 집이 없는 사람들

텅 빈 골목에서
그들은 생각하지

어떤 곳일까?
집이란 곳은

어떤 것일까?
돌아간다는 것은

돌아가는 대신
사라지는 사람들

사라지는 게
돌아가는 것이라 믿는 사람들

없어도 있고
있어도 없는 사람들

이전에도
이후에도 계속 태어나는 사람들

요람이 무덤인
뱃속까지 하얀
의문의 사람들

천둥과 번개 사이

천둥과 번개 사이에도
애 낳는 짐승이 있지

누군가 이불을 뒤집어쓰고 벌벌 떠는
'번쩍'과 '쾅' 사이
어미 자궁에 걸려 버르적대며
태어나는 짐승이 있지

어린 짐승은 일찍이 알지
세상에는 번쩍이는 영감과
쾅 하는 균열음으로 이루어진
아름다운 찰나가 있다는 것을

그때
손바닥에 새겨진 운명의 무늬를
누군가 스캔하고 갔다는 것을

그 이후부터는

누군가 엿보는 삶을 살아야 한다는 것을

천둥과 번개 사이
그 푸르고 아찔하고 짧은
신비의 간극에서
어미의 부드러운 혀가 핥아줄 때

세상은 가장 완벽했단 걸
그 이후부터는 발톱이 조각나도록
달아나거나
쫓아야 한다는 걸

천둥과 번개 사이
그 몇 초의 짜릿한 고요가
영원히 지속되는 세계는 없다는 것을

언제나 너는 나의 막간이라는 걸

생활

졸면서도 하고
저녁에 천변을 걷거나
새벽에 아픈 배를 부여잡고 죽을 끓이면서도 한다

입속에 욕을 장전한 채 도발적으로 하고
머리에 분홍빛 헤어롤을 만 채 택시에서 내리면서도 한다

들판을 지우는 첫눈처럼
첫아이를 지우면서도 하고
폭우 속을 아아아, 마지막 주자처럼 질주하면서도 한다

천둥 아래 물고기처럼 일렁이는 잠을 자면서도
해일처럼 오르내리는 고열 속에서도 한다

무덤 위에서 자신의 거웃처럼 자란 잡초를 뽑거나
좌초 전의 갑판에서 멀미를 하면서도 하고
야근인지 출근인지 모를 새벽 지하철 속이나
제3국으로 망명하는 비행기 안에서도 한다

누렇게 마른 떡잎을 떼어내면서도 하고
눈밭에서 흰 토끼를 쫓으면서도 한다

작년 이 순간에도 하던 것
십 년 전 이십 년 후에도 할 짓을

깊은 바다 고래 뱃속에서도
멀리 우주선의 은빛 심장 속에서도

미래 요양원
나뭇잎만 한 침대에
애벌레처럼 붙어서도 한다

최소한의 산소만 허락한다면

일석* 선생이 사랑한 흰 꽃 등나무

　파주 출판도시 김동읍 씨 작은댁 사랑채 담장에는 선생이 생전 아끼시던 등나무가 혜화동에서 이곳으로 옮겨 와 있다 수령 45년 된 이 등나무는 해마다 봄이면 선생 손길을 기다리는 집짐승마냥 유순하게 술렁인다 오늘 내 몸에 이파리 여럿 달고 그 앞에 출정하여 보니 선생은 유치원생들마냥 돋아나는 연두들보다 겁 없이 함부로 바람에 뛰어드는 새순들의 이 천방지축을 더 사랑하신 건 아니었을까 그들이 붙잡고 오는 등꽃의 흰 손목이 아니라 그 아래 꼬물거리며 지나가는 유치원생들의 햇내와 느릿느릿 유모차를 밀고 가는 노파들의 햇 주름 따위를 더 사랑하신 건 아니었을까 빼곡한 잎새들 사이로 드문드문한 하늘과 그 아래 실타래 같은 줄기들의 회합과 목책을 휘감은 두텁고 억센 손아귀들을 귀애한 선생은 또 먼 훗날 이 앞에 선 까마득한 후배의 눈알을 미리 다 챙겨 사랑하신 건 아니었을까 아니었을까

---

*이희승(1896~1989): 국어대사전을 저술한 국어학자이자 시인. 1942년 조선어학회 사건으로 검거되어 1945년 해방될 때까지 복역함.

강아지풀을 불러주다

숲 해설가인 그녀가 강아지풀을 책상 위에 두고 갔다

강아지풀로 죽을 끓여 먹었다는
옛사람들 생각이 났다

시큼한 풀똥 냄새와
푸른 이가 서러웠을 풋내의 아이들도

곡기가 가면 얼마나 갔을라고
바람 불면
우수수 꺾이는 목

요요, 하고 불러주자
톡톡 터져나왔다

새카맣고 까끌까끌한 대답이

냉이라는 이름

누가 지었나
냉이라는 이름은?

볕을 이마에 두르고
새소리를 볼우물에 담고
하늬바람의 포대기에 싸여오는 이름들

누구였을까
버찌나 살구, 머루 버들치 으름이나 노고지리
직박구리나 곤줄박이 동고비란 이름을
겹치지도 않고 지은 사람은?

다른 이들이 들판에서 삽이나 곡괭이를 들 때
느티나무 그늘에 기대앉아 이 세상을 호명하다 간
누군가의 생애를 생각하네

여름 봄 가을 겨울, 윤슬 노을, 여우 고슴도치 오소리 담비란 이름들이

후렴처럼 새어 나오고
또 그의 까마득한 후손이 있어
기쁨 기다림 슬픔 사랑 이별 한숨 재채기 귓속말 같은
영역조차 이름을 가진 지금,

어둔 가로등 아래 서서
오늘의 감정을 호명하기 위해 서성이는 그림자가 있네

남생이와 소금쟁이 납자루와 놀래미
백석의 징거미를 생각하는 저녁
오늘 밤은 또 어떤 이름이 미래로 출발하고 있을까?

그러므로 나의 이름은 결코 나만의 것은 아니고
미역국을 덥게 먹은 어미가
허한 아랫배 위에 나를 올리고 노을에 기대앉았을 때

수많은 이름 중에서 오직 한 개의 이름을 건져 올린
아비의 하나뿐인 저녁을 생각하네

일산호수공원

 히말라야 설산에서 눈표범 발자국을 쫓다가도 난 돌아오겠지 현지인들도 평생 한번 볼까 말까 한다는 그 은둔자를 코앞에서 놓치고 이를 갈며 돌아와 난 이곳에서 헤프게 늙을 수밖에 없음을 안다 덧붙여 말하면 동양 최대의 이 인공호수를 영원히 벗어나지 못할 것임을 안다 내 앞에서 두 아이를 밀며 끌며 오는 젊은 여자를 이십 년 전 나를 보듯 돌아보고 운동기구에서 근육 운동을 하는 늙은이들에게 스스럼없어지고 점점 젊은이의 일에 간섭하는 늙은이가 되리라는 거, 아침이면 호숫가 바위에서 몸을 말리는 자라들처럼 주름을 말리고 한 번도 건너가 보지 못한 물길을 가늠하거나 어족들의 부드러운 유영을 부러워하며 늦가을 귀뚜라미처럼 말라갈 것임을 안다 늘어가는 혼잣말과 함께, 두 아이는 어느새 자라 어깨 근육이 팔팔한 오리 떼처럼 날아가 버리고 몇 안 남은 친구들조차 하나둘 소원해져도 난 내 얼굴이 호수 속 인면어를 닮아가는 것이나 신기해하며 내 몸의 딱딱함을 완성해 나갈 것이다 마침내 아무도 나를 알아보는 사람이 없을 때까지 귀신처럼 살아갈 것이란 이 명백함, 무엇보다 확실한 것은 내가 용케 설산으로 다시 돌아가 내가 쫓던 발자국 곁에서 눈 뜬 채 죽어가더라도 정작 난

그토록 벗어나고자 했던 이곳을 참담하게 그리워하리라는 거,
끝끝내 이곳은 나를 호구처럼 물고 놓아주지 않을 것임을 안다

그늘을 일으키는 법

그늘은 평평하지
손톱으로 아무리 긁어봐야 헛일

나 같으면 그 속으로
붉은 뺨의 남녀를 들이리

먹거리와 웃음들로
까끌까끌
소란이 오면

천년 느티의
눌어붙은 그늘 속에도

올록볼록
움쩍움쩍
울보싱이 생기리

제2부

발견에 대하여

산사춘 하면 떠난 애인이 떠올라
산사나무 아래를 지나는 것조차 형벌인 나 같은 이에겐
죽을 때까지 금을 삼키게 하고
죽어선 장기를 파헤치는 탄금형과
죽순밭에 나체로 누여 죽순이 몸을 뚫어 서서히 죽게 한다
는 죽순형*은
고통의 예술적 발견이란 외경심마저 든다

쇠말뚝을 머리에 박는 착전형의 고안자 상앙은
신참이 고안해 낸 요참형으로 허리가 잘려나갔다는데

어떤 참신하고 글로벌한 형벌의 출시로
이 생활이라는 고문은 끝날 것인지

봄볕이 목련나무에게서 흰 뼈들을 발라내는 오후
벌집과 개망초 사이를 수천 번 오가는 형량 끝에
꿀벌들이 밀랍이라는 시를 완성시키고 있다

---

*대나무 죽순형(Bamboo torture): 2차 세계 대전 중 일본이 연합국 포로에게 가한 고문.

고수

비는 청각을 넘어 후각으로까지 영역을 넓혀
어느새 장미 향기 속에서도 섞일 줄 안다

낙목한천에도 귀신처럼 수종을 알아맞히는 사람
발라진 가시만 보고도 어종을 알아맞히는 사람
천문학의 고수로는 깊은 산중의 절간 개

넌 무엇의 고수가 되려느냐?
예전엔 향기를 쫓았지만 지금은 소리를 쫓는다는 선생은
나를 맞춰 봐, 맞춰 봐, 새소리만 듣고도
새들의 이름을 다 알아맞힌다

탁구장엔 동네 탁구의 고수
가마터엔 부서짐의 고수인 항아리들이 있고
민들레 채송화 넙치, 그중 심해어는 바닥의 고수,
궂은 날이면 허리가 아픈 어머니조차 날씨의 고수가 다 되었는데
  (얼마 전 한강에선 멍 때리기 고수도 뽑았다지)

날이 갈수록
줄어드는 고수의 품목 중
나는 울음의 고수나 한번 욕심 내볼까

그마저도 넘보지 말라는 듯
자정의 지하철 안은
다양한 울음들이 꽉 물린 입술들로 가득 차 있다

해골의 나라

아침이면 해골에게 밥을 먹인다

해골에게 세수를 시키고
성긴 머리를 빗기고
정성스레 화장을 시키고

해골들이 바글바글한 지하철을 타고
데굴데굴 굴러간다
해골이 주는 월급을 타러

하루 종일 해골을 감싸 쥔 채
감가상각비 연 매출과 싸우느라
해골에게 살이 붙는지도 모른다
피가 도는 것도

모른다
사람이 되어가는 줄도!

빌어먹을
사람이 되기 전에

지니*처럼
유골함에 갇히기 전에

다시 돌아가야 한다
달그락거리는 해골의 자태로

잘 때도 가지런히 이빨을 맞대고
달달 떠는

해골의 나라에 산다

---

*마술램프 속 요정.

불의 나라

그 나라의 광장에서는
악사가 아코디언을 켜기 무섭게 몸에 불이 붙고
메고 있던 아코디언이
어깨에서 땅바닥으로 쿵 떨어진다

그 나라의 무대에서는
불붙는 피에로가 늘 있고
딸기코들만 뎅그르르 무대에 남는다

그 나라의 교회에서는
설교하는 목사 몸에 불이 붙고
들고 있던 성경책이 펄럭펄럭 마룻바닥에 떨어진다

그 나라의 골방에서는
조용히 화염에 휩싸이는 시인이 있고
밤새 쓴 시들만 오롯이 아침 햇살에 빛난다

그 나라의 국경에서는

입국하는 여행자의 몸에 불이 붙고
낡은 트렁크는 유실물 센터에 남겨진다

오늘 사랑을 잃은 사람과
판돈을 모두 잃은 노름꾼의 심장에
성대한 불길이 번지고

태어나는 아이와
죽어가는 노인의 몸이
공평하게 땔감으로 쌓이는
그 나라에서는

비틀린 철학자의 사상과
두둑한 변호사의 변론과
일당지기 노동자의 무릎이
모두 불의 식량일 뿐

올림픽 제막식의 거대한 성화처럼

한 번도 꺼진 적 없는 그 불의 둘레는
온갖 사료들이 타는 냄새로
고약하다고 한다

이쪽 불과 저쪽 불이 만나 더 큰 불이 되는 것을
그 나라에서는 결혼이라고 한다

한 개의 불이 깜깜하게 사라지는 것을
그 나라에서는 죽음이라고 한다

그 나라의 재활용센터에는
장작이 될 수 없는 물건들이
탑처럼 쌓여가고

사람들은 모두 불이 되기 바빠서
아무것도 가져갈 수 없다고 한다

어떤 나무

 어떤 나무는 전봇대에 전단지로 붙어 있고 어떤 나무는 천년 고찰 속 경전으로 갇혀 있고 어떤 나무는 낱장의 시집이 된다 어떤 나무는 바닥을 몰라 위로 위로만 달을 뚫고 자라고 어떤 나무는 가지가 많아 새들이 우환처럼 날아든다 어떤 나무는 반듯하게 절단되어 벽이나 교량이 되거나 딱딱한 관이 되고 어떤 나무는 작두가 되어 신들린 여자를 올리고 어떤 나무는 목매단 사람이 걷어차는 마지막 의자가 된다 어떤 나무는 형틀이 되어 피와 살을 바르고 어떤 나무는 길가에 드러누워 개 오줌을 받고 어떤 나무는 뗏목이 되어 영원히 물 위를 떠돈다 어떤 나무는 재가 되어 썩고 어떤 나무는 나무에서 나무로 죽어도 죽어도 지루하게 살아난다 어떤 나무는 기다린다 곳간에서 창고에서 차가운 설빙고에서 너라는 우주의 딱딱한 씨앗 속에서 두근거리는 심장으로 천년을,

수몰지구

어김없이 있었다
눈 내리는 날이면 다리 밑에서 옷을 말리던 붉은 거지들

어디로 갔나
왁자하게 파장처럼 마르던 그 많은 미친 옷들은,
빠나 안 빠나 기름진 때깔의 그 살가죽들은

골목과 길을 턱, 막고는
여긴 나의 구역이야 돌아가 줘, 하던
그 많던 바바리맨들은,
꽃을 머리에 꽂고 가슴을 풀어헤친 바람의 딸들은

봄이면 공터에서 펄럭거리던 그 많던 천막들,
영화 〈나쁜 피〉에 나오던 드니 라방*을 닮은 서커스 사내와
탄탄한 타이즈의 종아리들은,

지금은 어디에도 없는 것들,
꿈에만 외팔로 외다리로 너펄거리며 무섭게 달려와

쌀을 주면 반찬도 좀 달라며 역정을 내던
그 부리부리한 눈알의 연장 같은 사내들은

다리 밑에도 공터에도 여학교 앞에도 없다
나 손 씻었어!
한 친구만 가끔씩 면도칼을 엄지와 검지 사이에 표창처럼 꽂아 보일 뿐,

어디로 갔나
비만 오면 어디선가 여전히 더럽고 지린 냄새가 스물스물 돌아오는데
친구 집에서 달력을 넘기며 기다리던 그 붉은 휴거일은,

만장처럼 휘날리던 그 많던 벌판의 함박눈들은,
기우뚱한 어깨로 철길을 돌며 세상의 바닥을 다 줍고 다니던 그 많던 넝마주이들은,
일 년에 한 번씩은 사람이 빠져 죽어 치욕스럽게 바닥을 드러내던 저수지들은

모두 어디로 갔나
단 한 번의 잘못으로 평생을 속죄하는 푸른 죄의 아이들은,

---

*프랑스 배우.

빵구나 뻥

막다른 골목에서 마주치는
생계형의 간판들

떡
빵
철물
수선
약

허어멀건 간판들 사이
뻥망치를 들고 때리는 이 글자들에겐
에둘러 가는 여유가 없다 대신,

눈길을 동아줄로 끌고 가는 힘이 있다
다짜고짜 나 여기 있다고 봐달라는 절박함이 있다

먼 곳에서 한달음에 달려드는
단발마의 글자들에선

사이렌 소리가 난다

이것 아니면 죽음을 달라는
사기성 협박이 있다

활짝 핀 꽃판의 핵을 들여다볼 때처럼
우는 자의 목젖이 보인다

가슴과 손을 벌린 채 막무가내 뛰어드는
철부지 아이가 보인다

모든 장기와 피와 살을 걷어낸
뼈만 남은 글자들

어떤 길목은
빵구나 **뺑**!으로 말한다

인생은 어차피 그런 거라고

사형수의 입술에서 튀어나온
마지막 신음처럼,

절명의 말을 쏟다는 의미로
시 역시 그러하다

내장탕집과 철판구이집 사이
속옷 차림으로 서 있는
꽃처럼,

공원의 왕

한 사람이
공원 벤치 위에 앉아 있다는 건
그에게도 귀속할 세계가 생겼다는 거

그의 발치 아래 모여드는 비둘기들이 있다는 거
그의 정수리 위로 뾰족한 주둥이를 들이대는 볕과
그의 그림자로 섞이는 그늘이 생겨났다는 거

이 소읍
한 사람이 오래된 공원 벤치에 앉아 있다는 건
호수 위로 고개를 쳐드는 자라와
비늘 뜯겨진 물고기들과
엷은 빛깔의 옷감을 준비하는 수련들이
누군가의 홍채 안에 수런거리며 들어선다는 거

한 사람이 공원 벤치 위에 길고 지루하게 앉아 있다는 건
그의 사정거리가 하루가 다르게 길어지고 있다는 거
아무도 찾지 않는 이 쓸쓸하고 오래된 공원에서

오직 한 사람의 관객인 그를 위해
조연이 되어주는 것들이 있다는 거,

총칼이 아니라도 매일매일 넓어지는 영토가 있다는 것
한 사람이 공원 벤치 위에 진종일 앉아 있다는 건
어떤 오후가 전쟁도 없이 평화롭다는 거

계절은 오고 가고
오래전 대관식에서 입었던
단벌의 외투와
물푸레나무 지팡이를 짚고

응시와 사색의 제왕인 그가 앉아 있다

연못이 된다는 거

먼 남의 일인 줄 알았는데

가게에 물이 오고
아비는 혼이 나가고
장롱이 뜬다

누구나 연못이 된다는 거
밥상과 찬장에 당분간 물밖에 올릴 게 없다는 거
우리의 교복이 둥둥 수생식물이 된다는 거
엄마는 끼고 있던 금가락지를 잃고
놔둬라, 물이 빠지면 찾겠지
쌀통 바닥을 긁어 밥을 안친다

은행에 갔던 아버지가
낡은 비늘을 떨구며 돌아온 밤
동생은 귀여운 지느러미를 흔들며 숙제를 하고
나는 아가미가 패이는지 밤새 귀가 아팠다

누구나 연못의 재료가 된다는 거
건너갈 수 없는 사람이 된다는 거
건너올 수 없는 사람이 된다는 거

그 이후로 물을 보면
수장된 것들이 보이곤 했다

출근길의 유령들

이젠 비둘기들도 나를 피하지 않는다
어제는 대놓고 나를 향해 곧장 날아들었다

내가 지나가면
도전! 도전! 외치던
먹자골목의 두더지게임기마저도
오늘 아침은 묵묵하다

그 나이에도 출근을 하는지
좁은 골목 아침마다 마주치는
흰 머리의 저 여자도 어제보다 더 지워진 듯하여
조금쯤 안심이 된다

내가 자기를 재단하듯,
저 여자도 아침마다 맞닥뜨리는 나를 재단했겠지
안 보는 척 교묘하게 아래위를 훑어내며

얼마나 불편할까

날마다 돌올해진다면,
이 나무가
저 빌딩이
어제 덮어쓴 더러운 기분이

좋을 것이다
닳고 닳아 배경이 된다면
흐릿해져 마침내 보이지 않는다면,

아직은 곁눈질로 지나치지만
마침내 지워져
서로가 서로를 관통한다면

유령이라면

백만 번 태어나는 사람

이다음에는 젊은 산지기의 딸로 태어나고 싶습니다
아침이면 그가 빠져나간 더러운 이불 속에서
털털거리는 트럭이 산을 깨우는 소리를 듣겠습니다
통통하고 우는 법이라곤 모르는 어린 딸로
그가 해놓은 나물무침과 신김치를 저녁까지 아껴 먹겠습니다
자리공이 물 없이도 자라듯 무럭무럭 나는 자라나
누가 가르쳐준 적 없어도 첫밥을 짓고
말려놓은 산나물도 솜씨 좋게 무쳐놓겠습니다
어느새 누추한 아비의 부엌은 내 차지가 되어 반들거리겠지요
풀물 밴 옷도 새하얗게 빨아 널며
신비가 없는 시절
그런 게 신비란 걸 알아가겠습니다
사내라면 아비밖에 모르던 나도 때가 되면
산지니*가 이소하듯 산을 내려가겠지요
저녁의 마당, 어둑한 산그림자가 내리면
길고 험한 등줄기 하나를 떠올리겠지요

그리하여 또 다음 생에는
크고 붉은 발의 산지기로 태어나겠습니다
이해 못 할 생의 비의(悲意)를 나는 또 이해받기 위하여

―――――
*산에서 야생하던 것을 잡아서 길들인 매.

문 워크*

나는 걸어갈게
당신은 노를 저어서 와

한 발이 한 발을 인도하며
그림자로 와
정성껏 물살로 와

나는 총알로 날아갈 테니
당신은 화살로 와

오면서 산자락에선 굽어지고
바람의 엄살도
비의 사투리도 얹고 와

과녁을 훌훌 넘으면서
당신은 생각하지

태아 때 걷던 양수 속

아무도 가르쳐주지 않았던 유영을
물결과 도란도란 걷던 한때를

나는 오늘만 알게
당신은 비와 번개의 어제와
자욱이 날아가는 홀씨들의
내일도 알아

나는 흙투성이 두 발에
진흙만 치덕치덕 덧바를게

당신은 도란 도란
구름과 달무리 속을 흐느끼듯 와

세상의 무대를 다 데리고 간 당신
이제야 달처럼 가고 있구나

―――――
*마이클 잭슨의 춤.

대형 매장의 존재 가치

우리 아이들 어렸을 때
유모차를 끌고 자주 갔던 집 앞 대형마트
그곳 지하에서 자주 봤던 두 사람

그 시간 학교도 가지 않고
시식 코너를 돌던 중학생쯤 돼 보이는 여자애와
이어폰을 낀 채 가끔 발 디딘 곳을 확인하던 자폐증 남자애

지쳐 들어온 새처럼 운동화는 낡았는데
뭔가에 취한 듯 머리카락은 늘 젖어 있었는데
그 대형마트는 품는 것만으로도 존재할 가치가 충분했는데
키를 넘길 만큼 물건들은 빽빽했고
공기는 쾌적하고 직원들은 상냥했는데

딱히 갈 데도 없이
유모차를 끌고 출근 도장을 찍던 내 눈에 그 아이들은
창틈으로 잘못 날아든 비둘기들 같았는데
꺾인 꽃가지 같았는데

지상과 지하, 어디에도 상품이 되지 않을 그 아이들을
첩첩이 쌓인 부동의 상품들과
일렬로 구획된 선반들과
일당에 매인 직원들은
은근히 기다리는 듯했는데

어느 날
그 대형 매장은 폐장되고
그 많던 전단지들은 삐라처럼 뒹굴고

잘 정렬된 지하매장의 선반을 떠나
컴컴한 지하 병동을 떠나
지금은 어디를 어둑한 눈발로 떠다니고 있을까

이제는 이십 년도 넘은
아이를 지나도 한참은 지나왔을 그 사람들은

다이빙대
— 데이비드 호크니

나는
기다린다

여자도
남자도

어른도
아이도
아닌 너를,

나는 너를
새로 만들었다가

다시 물고기로
만들 것이다

제3부

천변

 늙고 눈곱 낀 일곱 번째 개는 가끔씩 고개를 내밀어 하천을 바라본다 언젠가부터 개의 차지가 된 유모차, 뭔가를 끌어야만 속도가 되었던 여자를 벗어나려는 듯 바퀴는 삐딱하게 굴러가고 바퀴 한 개가 빠져나간들 무슨 상관이람, 기울어가는 빌라들 속에서 버려지는 노인들 천변엔 버려진 유모차 버려진 개도 많고

 산책이란 삐딱한 유모차 하나가 또 그렇게 찌그러진 유모차 하나를 지나치는 일, 어스름 속 사람들은 투명한 수레 하나를 끄는 듯 모두 구부정하고 운동을 하나 안 하나 모두 구부정하고 어느 날 태울 개도 없이 빈 유모차를 끌며 늙은 여자 하나가 천천히 지나가는 것이다 헐렁한 자루를 배에 차고 다니는 캥거루처럼

언 토마토를 손에 쥐고

언 토마토를 손에 쥐고 있었다
더 이상 붉어질 수 없는 토마토를
더 이상 으깨질 수 없는 토마토를
여름의 입맛에 장전되기엔 너무 익어버린
붉고 커다란 폭탄을

토마토는 아파 손에 오래 쥘 수 없었다
토마토는 그새 호신술을 얻었나 보다
간직할 게 생겼나 보다
보호할 게 생겼나 보다

나는 익어 푹 퍼지는 토마토보다
언 토마토가 더 좋았다
잇몸에 상처를 주는 토마토가 좋았다
불을 끈 채 새앙쥐처럼 갉아대며 먹는 게 그렇게나 좋았다

언 토마토는 더 이상 토마토가 아니었다
던지면 퍽 하고 머리가 터질 것 같았다

해머처럼 세간을 부수기에도 좋았다

지구 끝 어느 밤 깊은 마을에서는
토마토를 으깨 걸쭉한 즙을 만든다고 했다
밤이면 찾아오는 흡혈귀들을 위해
냉동고 속에 그것을 얼려놓는다고 했다

흡혈귀는 그것을 갉아먹고 밤처럼 깊은 잠에 든다고 했다
그것은 피 속의 송곳니를 모두 녹여내고
하얀 심장에 붉은 피가 돌게 한다고 했다

훌쩍 커져서도 마을을 떠나지 않는다 했다

재희니트

재희는 주인 여자의 이름일까
그 여자 가슴에 작은 핀처럼 꽂힌 딸 이름일까
미처 간판을 바꾸지 못해 그대로 달고 있는
전 주인 여자의 이름일까

삼층의 공중변소와
일층의 닭집 사이 끼여 있는 집

어느 사이 닭집은 국숫집이 되고
국숫집은 또다시 보쌈집이 되었어도
될 대로 되라지
철 지난 음악이
하품처럼 흘러나오지

신발점과 그릇점 사이
잘못 빨아 졸아든 스웨터처럼 끼여 있는 집

눈곱 낀 권태가

실밥처럼 숨어들었다가
보푸라기처럼 기어 나오는 집

재래시장 좌판 앞
쪼그라든 여자들은
아직도 추억을 입지

분무기로
물만 뿌려주면
올올이 되살아나는

벤치

나는 앉아 있었죠
더럽고 오래된 벤치 위에

벤치는 잠시 머무는 곳
집이 아니므로
나는 어제의 누군가처럼 잠시 앉아
멍하니 호수 속 백조들을 바라보았죠

호수는 이 공원의 가장 깊은 악보
백조는 이 공원의 가장 아름다운 선율이었으므로

나는 생각했죠
내일 도착할 우편물과
부랑자 시설에서 죽은 고모와
오랜 세월 이 공원에 오지 않았던 날들을

어느 해 겨울
이곳에 서표처럼 꽂혀 있던 부랑자 하나와

그의 두꺼운 외투와 내용을 알 수 없는 보퉁이들도

그리고는 읽어 내려갔죠
그해 겨울 이곳의 주인이고 살림이고 체온이었던 그를
오래 펼쳐진 채 잠과 침과 얼룩으로 두툼해진
그의 페이지들을

악보도 선율도 어둠 속으로 깊어지면
읽히지 않으려 서둘러 떠나가는 사람들 사이에서
나는 들었죠
조용히 나의 한 페이지가 넘겨지는 소리를

오래된 공원에
두툼한 우편번호 책처럼 펼쳐진 벤치가 있죠
아주 가끔씩 독서광인 나비가 앉았다 가죠

야생

시에서 운영하는 관광센터 커피숍

언젠가 내 옆자리에 앉아 히죽 히죽 웃던 여자
숱 많은 머리를 대충 틀어 올리고
여름인데도 몇 겹의 옷을 구름처럼 껴입고
구형 핸드폰에 대고
복지 문제 같은 것을 조목조목 따지던 여자
무료에다 에어컨 빵빵히 나오는 이곳을 나는 자주 이용하던 것이었는데
오늘은 그 여자가 떡하니 내가 애용하는 자리에 앉아 있는 거였다

알록달록한 보퉁이 따위를 주섬주섬 챙기며 마침 일어나길래 보니
검붉은 생리혈 같은 게 의자에 묻어 있다
물휴지로 몇 번이나 닦고 앉았으나
역한 비린내가 여전히 올라와
여자가 쏘다녔던 길과 보퉁이를 쌓아놓고 자던 천변과

시장통에서 펼쳐놓고 먹던 삶은 계란과 식은 전 같은 것을 펼쳐놓는다
　활동 필름처럼,

　아무래도 찝찝해 다시 한번 더 닦는데
　이 피로 여자는 살아 있구나,
　이 피로 구청 민원실에 전화해 공무원들의 딱딱한 태도를 따지고
　이 피로 세상의 틈이란 틈은 다 새어들어 갔구나
　설운 생각이 드는 거였다

　저, 죄송한데 자리 좀 닦으려고 하는데요

　고개를 들어보니
　손도끼만 안 들었지
　핏덩이를 동굴 속에 두고 먹을 걸 수렵하러 나온
　고대의 여자 하나 머리를 산만큼 틀어 올리고 서 있었다

숨의 방식

바다를 보면 내 숨의 깊이가 알고 싶어졌지

바다 위로 둥근 테왁을 띄우고
제 숨의 깊이만큼만 머물다 나오는 해녀들

언젠가 나도
내 속으로 뛰어든 적 있었지

물에 불은 손가락들로
울퉁불퉁한 심연을 더듬으며
나도 나의 심해가 안녕한가 궁금했지

나는 눈부시게 바라보았지
푸른 정어리 떼처럼 솟은 여자들이
젖지 않은 숨을 공중으로 뱉어내는 것을,

허파에서 아가미로
조금씩 바뀌어 가던 그 숨의 방식을

(이것은 진화일까, 퇴화일까)

허파에 숭숭 구멍이 뚫릴 때까지
땅의 숨만 쉬다 갈 내 앞에서

물의 숨을 누리다 온 해녀들이
숲을 헤치고 들어가네

숲 깊은 마을
숨의 방식이 바뀐 누군가
붉은 심장을 지상에 두고 가네

보자기에 밥통을 싸서 안고

밥이 설익어 벼르고 벼르다
보자기에 밥통을 싸서 안고 서비스센터에 갑니다
아직 영업시간이 되지 않은 그곳에는
나처럼 보자기에 밥통을 싸 온 한 여자가

저도 이것으로 연명을 하고 살았어요
이것으로 푸푸 슬픔을 끓여 먹고 살았지요
동그란 무릎 위에 아이를 앉히듯
낡은 밥통을 올려놓고 있었어요

오래전부터인 듯 우리는 앞만 보고 있었지요
밥이 없던 시절
벌판 끝에서 먹을 것을 기다리던
눈알 까맣던 사람들처럼,

오늘은 당신도 나도
고장 난 밥통을 감쪽같이 씻어 안고 나와
이제부터는 이 안에 누런 쌀알 대신

시퍼런 보름달 한 개를 안칠 거라고

이 아침의 햇살과
이 번지는 푸름과
부서지는 새소리를 끓여낼 거라고

밥통을 안은 우린 그 옛날
검은 무쇠솥이 내걸린 전장
백인분의 어탕이 끓던 강가에서
검은 치마를 추스르거나 스쳤던 속절없는 인연만 같고
헛구역질하던 나의 얇은 등판을
누군가 두드렸던 것 같고

당신은 그 보자기 안에
검푸른 폭탄 한 개를 싸안고 있습니까?

나는 이 보자기 안에
붉은 볏의 암탉 한 마리를 싸안고 있답니다

나사는 나사를 낳고

나사못 한 개를 주워 들고
있던 데를 찾아보는데

내 다리가 헐거워지네
내 어깨가 삐그덕거리네

나사못이 떨어져 있다는 건
어딘가 헐렁해졌다는 것
무언가 풀려났다는 것

어느 골목에 나사를 흘려 놓고
엄마는 삐그덕거리네
서너 걸음 걷다가 주저앉네

나는 떨어져 나온 나사
여전히 반짝이고
여전히 뾰족하네

세상에서 가장 슬픈 관절 인형인 엄마가
골목에 기대어
기우뚱 기우뚱 걷네

걸음을 버리고
춤을 만드네

나는
돌아갈 데가 없는 나사

세상에서 가장 무겁고
붉은 녹을 껴입네

또, 봄밤

그 밤 나는 뺨을 맞은 채 아버지의 집을 나섰다
봄은 지루하게 꽃들로 정체 중이었고
너는 폭발하기 쉬운 스물여덟 가스 배달부

언덕 아래 집들은 모두 네가 배달해 준 가스로
밥을 해먹고 방을 데워 사랑을 나눴지
블라우스 속으로 차가운 손이 들어올 때면
나는 1톤 트럭과 함께 언덕 아래로 조금씩 굴러 내려갔지

그랬다면
트럭이 내처 굴러 가스통이 팡팡 봄꽃처럼 터졌다면
언덕 아랫마을은 개발되지 않았겠지
흐벅진 봄꽃들과
흥부식당 추자 씨 젓가락 장단도 사라지지 않고 대신
나의 길고 긴 노년은 사라졌겠지

굴종과 타협의 중년도 오지 않았겠지
아이들은 여전히 되바라진 아이인 채로

요강을 씻던 노파들도 여전히 요강 위에서 졸고
맨드라미 지천인 술집들도 영원히 성업 중이겠지

그 봄 지하철에서 무슨 정표처럼 사서 나눈 커터칼은
이십 년이 지나도 여전히 푸른 날이 서 있고
내가 내 안에서 자꾸 희미해지는 밤이면
나는 그것으로 밤의 모서리를 깎으면서
때로는 살이 베이면서

이 피는 여전히 그때의 피인가
이 봄은 그때의 봄인가
또다시 돌아온 봄을 토막 내보곤 하였다

꽃밭은 열무밭이 되고

삼촌이 떠나자
꽃밭을 갈아엎고
아버지는 푸성귀 밭을 만드셨다

대처로 나간 삼촌은 숙모를 두고
다른 여인을 받고
꽃씨처럼 받고

매화나 작약꽃 대신 마당엔
옥수수 토마토 고추 상추가 제철이었다

나는 먹을 수 없는 꽃 대신
사철 먹을 게 넘치던 밭이 더 좋았는데

엄마는 두고 두고 아버지를 원망했다
아름다움을 모른다고

후일담도 없이

꽃밭은 열무밭이 되고

꽃이든 열무든
아낌없이 내주던 그 마당에서 아버지는
햇옥수수 닮은 아이 넷을 더 받았다

undertaker*

마지막으로 나는
누워 있는 노파의 발을 정성껏 닦아주었네

이곳까지 걸어오느라
갈라지고 딱딱해진 노새의 뒤꿈치를

나는 생각했네
한때 이 발을 장식했던 것들을

크고 물렁한 슬리퍼 이전
젊은 당나귀의 발굽처럼
또각거리던 구두들과
그 소리에 출렁이며 화답했던 길들을

감탄을 쏟게 만들던 균형 있는 둔부와
불량스런 휘파람 소리들을

간까지 웃**었던

환희를

다시는
땅 밟을 일 없는 그 발에
허공을 잘 딛고 가라
제라늄 향료를 뿌려주었네

---

*장의사.
**"간까지 웃어라", 영화 〈먹고 기도하고 사랑하라〉에서 현자가 한 말.

셀파*

흘러내리는 짐들과
가을 거미처럼 저녁이면 쓸쓸해지는 마음과
비틀거리는 걸음과
머뭇거리거나 달아나는 심장은 내게 줘요
내가 다 져 드릴게요

맨발에 샌들 하나로
돌부리와 가파른 절벽을 넘나드는 나는

젊은 산양의 발굽을 가졌어요
지치지 않는 독수리의 폐를 가졌어요

무거운 어깨일랑 벗어 내게 줘요
피와 뼈
먹는 일 자는 일도 내게 다 줘요

젊은 나귀의 등을 가진
내가 다 지고 갈게요

흥얼거리는 노래만 당신은 싣고 가요
열두 개의 언덕을 훨훨
잠자리의 율동만 매달고 가요

나는 당신을 다 가지고도
나를 지켜낼 거예요

설산을 내려가지 않는
흰 바위처럼

---

* '셰르파'라고도 불림. 짐꾼(poter)이나 가이드, 요리 등의 일을 해주며 생활한다.

폭설

여자가 한올 한올 풀고 있다

어제 떴던 흰 스웨터를
오늘은 하염없이 풀고 있다

바닥은 너무나 춥고 딱딱해
흰 털실은 켜켜이 쌓이고

여자는 알고 있을까
바닥에 닿는 순간
그것은 얼어붙어
되감을 수 없단 걸

다시는
포근한 스웨터가 될 수 없단 걸

입술을 깨문 여자가
누군가의 심장에서 녹아내려

차갑게 가라앉은 여자가

바닥에 천천히 풀고 있다

둥글고 따사로웠던
흰 암탉의 시간을

완전한 망각

 그는 달에 다녀온 사람입니다 달로 인해 죽을 때까지 연금을 받지만 달과는 무관하게 삽니다 한때 그토록 열망하던 달을 잊고 달보다 더 늙어 달 없이도 잘 삽니다 그는 늘 창가에 앉아 태양을 탐하지만 달은 한 달이고 두 달이고 외면할 때가 많습니다 가끔 그는 생각합니다 달빛 아래 국경을 함께 넘던 푸른 정수리의 사람들을, 그리곤 쪽창 넘어 토란처럼 작아진 달을 흘긋 바라봅니다 사람들은 믿지 않습니다 가을 사마귀처럼 늙고 마른 그가 저 희고 맑은 달의 육체에 뚱뚱한 발자국을 남기고 왔다니! 세계는 별의 탄생에만 열을 올리고 달은 오늘도 묵묵히 공중부양을 수련 중입니다 (가리키는 손가락 한 개 없이!) 마지막 방문자였던 그마저 홀연 사라지면 마침내 달이라는 망각은 완성될 터, 오늘도 달은 죽은 이들의 발자국을 화인처럼 찍은 채 조용하고 깊은 우주의 묘혈 위에 홀로 떠 있다, 사라집니다

제4부

사유지

두루미는 물통 속 미꾸라지를 땅바닥에 건져놓고 먹는다
모래를 바르고 먹다니!

그 안에 있을 쭈글쭈글한 모래주머니와
그 속에 쌓여 있을 모래 생각이 났다

명명되지만 않았을 뿐, 별이라 불릴 것이다
신기루도 낙타 발자국도 없는 그 위로
진도 6쯤의 울음이 우릉우릉 지나다닐 것이다

날개가 벗겨지고 다리가 무너지고 살이 녹아내려야
지구로 복귀할 모래들

언젠가 철창 끝에서 끝으로 날아가는
슬픈 날갯짓을 본 적이 있다

시집 읽기

이 시집은 내다 버릴 수 없을 만큼 두껍고 무겁다
왜 이렇게 긴 거지?
읽고 또 읽어도 끝나지 않고
참 이상하지 시집을 잡으면 한 달도 두 달도 가는 게
반납은 오늘까지인데,
나는 연체라는 창살 안에서라야만 독서가 잘 되는
꼭 사서가 신체포기각서를 받은 사채업자처럼 전화해서
"내일까지"란 말미를 줘야만 하는 진상 대출자인데
나는 꼬박 반년을 도서관 책을 빌리지 못한 적도 있었네

그러면서 나는 이런 위안을 뻔뻔스레 하는 것이네
형광빛의 먼지와 빽빽한 직립의 책무에 시달리던 이 시집에게
나는 기꺼이 여행을 선사해 주는 자라고
아무도 읽지 않을 이 시집을 데리고 와
화장실에서도, 밥을 먹으면서도,
공원 벤치에서도 현금인출기 앞에서도 읽어준다고,

죽은 자와 이야기하며 죽은 자가 되어 쓴 시를
　먼 미래에 폭발하는 하늘과 자신의 먼지에 대해 중얼거리는 시를
　나는 길다, 길다 생각하며 읽는다
　서너 달 혹은 몇 년에 걸쳐 쓴 시가 단숨에 읽히지 않는다 욕을 하며
　어디 문학상 최종심에도 올라 기뻐했을 시들을
　나에게 들킬까 야비하게 정체를 숨긴 시들을
　동굴 속에서 물방울에게 두들겨 맞듯 차갑게 읽는다

　야, 왜 이렇게 긴 거야?
　던졌다 다시 집어 들고는 멋쩍게 읽는다
　지하철에서도 읽고 잠 속에서도 읽고
　비행기의 광속 위에 앉아서도 읽는다

　굳어져 가던 내 심장에
　피톨이란 아름다운 식량이 고일 때까지

비의 혈연

비 오는 날
다리 밑에 앉았노라면
언제 이 비가 잦아드나
다리 밖으로 얼굴을 쭉 내밀고 고개를 홰홰 내젓는 저이는
팔십이 들이닥친 성마른 내 당숙 같고
핸드폰 반주에 맞춰 끼룩거리는 저이는
마을 회관에서 노래 꽤나 부른다는 고모 같고
보는 듯 안 보는 듯 사람을 아래위로 훔쳐보는 저이는
쥐 상의 꼭 내 숙부 같고
민소매에 근육남인 저이는 보나 안 보나 사촌 같다
차들이 내지르는 콘크리트 굉음 아래
언제 이 비가 그치나
한 맘이 되는 이런 순간이면
나도 저들의 혼자 사는 누이거나
푸른 동맥이 손목에서 점점 도드라지는 당집 고모이거나
오래 만난 적 없는 사촌이거나 할 것이다
한순간 다양한 피와 성을 거둬내고
혈연으로 묶어버리는 저 비라는 중개자 앞에서

유순히 우산을 접고 앉은 우리는
이 차고 쓸쓸한 저녁
국수처럼 우슬대며 내려오는 저 비를 출출히 바라보는 눈알이 되는 것이다
비만 오면 다리 밑으로 쫓겨 들어와서는
구욱구욱거리는 저 비둘기들을
남은 밥으로 키우는 사람들이 되는 것이다
긴 잠에서 깨어난 듯 비 뚝 그치니
파투 난 노름방에서 쏟아져나오듯
활활 우산을 흔들며 사람들이 흩어진다
그래 봐야 다시 비가 오면
이 지상의 어떤 다리든
그 깊고 으늑한 허벅지 속을 파고들 것이다
딱딱한 몸의 철책을 어김없이 허물며

시인의 나라

여름의 그늘에
얼룩덜룩한 사람들이 앉아 있다

몸속에 뼈와 살 대신
스펀지가 들어 있는 사람들이 있다

빛을 쪼이면 금세 황금빛이 되고
비를 맞으면 금세 물비린내가 났다

나비를 보면 정처 없어지고
풀을 보면 옆구리가 부드러워지고
물을 보면 수장된 슬픔이 떠오르고
가을이면 배배 말라갔다
홀로 남은 거미처럼

보이지 않는 총탄에 맞아
뻥 뚫리는 가슴이 있다
그늘에게도 상처를 받았다

손 흔들어 준 기차가 그냥 지나가도
상처받던 아이는 자라
자기와 비슷한 사람들이 모여 사는 나라에 가서

시라는 납세의무를 지게 되었다

거대한 변기

공원 화장실
더러운 변기에 닿지 않으려
옹색하게 앉아 있노라니

흰수염고래의
변기가 부럽다고 할밖에

정화조도
뚫어뻥도 필요 없는 망망대해 속을
기운차게 쳐들어갈 오줌을 생각하노니

물이 물에게 곁을 내주는 그 속에서
사랑을 하고
또 새끼를 쏟고

마침내 울음과
비명과
살점을

다 쏟아놓을 때까지

주어진 변기를 꽉 채우고 가는 너를
전적으로 애용하다 사라지는 너를

지구의 한 모퉁이
이리 옹졸하게 엉덩이를 들고 앉아
생각하노니

사람의 일

작은 마을에 밥 짓는 연기가 오른다
지구를 반 바퀴나 돌아왔어도 고작 감자를 삶거나
빨래를 널거나 애 우는 소리나 듣는다는 거
털 빠진 개가 인간의 마을을 기웃거린다는 게 심심하다
총탄이 박힌 구멍으로 밥 짓는 연기가 새어 나오고
(밥이 총탄을 이기다니!)
어디나 불을 때고 방을 닦고
저녁이면 더러운 죄를 씻듯 발을 씻고 귀를 닦는다
보스니아 민속박물관에 들러
밥그릇 깨진 것과 녹슨 숟가락들을 본다
거창한 것은 다 신의 일
(신은 이제 멸종한 것 같다)
사람은 겨우 숟가락 자루나 부러뜨리고
그 위에 붉은 녹이나 입히고
사금파리나 남긴다
지구를 열두 시간 날아왔는데도 고작 닭똥 냄새를 맡거나
소젖 짜는 양지 녘 늙은이들과
시들어가는 좌판 위 레몬이나 구경한다는 거

우리가 살과 피를 버리지 않는 한
이것을 먹여 살리는 일은
예나 지금이나 앞으로나 똑같을 거라는 게
어쩐지 좀 처량하고 슬프다

소년기

어미가 죽자
독을 달라는 이가 많았다

커다란 독을 빙글빙글 굴리며 가던 사람들

독은 서커스 하듯
골목을 논두렁을 밭둑길을
오래 오래 굴러 집을 나갔다

마지막 독이 스릉스릉 소리를 감으며 나가자

텅 빈 장독대 위에
작은 독처럼 웅크려
오래된 어미 냄새를 맡았다

이무기가 감고 넘나들던
오래 묵은 장독들이었다

그것들이 불어난 물길을 타고 돌아오거나
집 나간 소처럼
제집을 찾아 들 일은 없을 터

마당 한 귀퉁이가 서럽고도 넓었다

독을 다 내주었는데도
빈집 역시
크고 둥근 독이었다

혈거시대

걸어간다
박쥐우산을 쓴 사람들이

비는 흘러넘쳐
사람의 몸속으로도 스며들어와
척추를 자빠뜨리고
헛바닥을 퉁퉁 붇게 한다

한낮이어도 한밤인 오늘
검은 숲엔 야광 눈의 고양이
골목엔 쓰러진 담장
붉은 칠이 벗겨진 우편함들과
박쥐처럼 거꾸로 자라는 나무들

어젯밤의 참회가 빗물로 고이고
짐승의 발톱 속에 검은 이끼가 자라고
모든 그림자가 휴거처럼 사라지면

물이 차오른 신발과
폐업한 공장의 우뚝한 굴뚝과
커튼을 내린 채 숨죽여 우는 소리와
맹인의 검은 동공으로부터
동굴은 번식하기 시작한다
장마 끝, 빼곡히 돋아나는 버섯들처럼

언젠가 자신만의 동굴에
종유석 기둥 한 개로 굳건히 박혀 있기 위해
희망이 석회가루처럼 쌓여가는 사람들

영원히 걸어가고 있다
가도 가도 끝나지 않는 이 세계의
흰 입구를 향하여

젖내

일요일 예배 중인 목사네 집 들마루

슬프다
열세 살 터울의 첫째와
막둥이가 있는 풍경은

늙은 신은 오늘도 통성기도 중이시고
조금 덜 어린 것이 조금 더 어린 것을 안고 있는 풍경
구르지 못한 바퀴들은 슬프다

체육 시간이면
앞섶을 끌어당겨 냄새를 맡곤 했다

배여 있는 젖내는 슬프다
무른 허벅지에 더 무른 사람이 올려져 있다는 건

태풍 개미가 곧 상륙한다는 소식
마당은 뿌리내리는 것들로 술렁이고

먼저 태어난 네가
뒤에 태어난 너를 안고 있다

먼저 태어난 죽음이
뒤에 태어난 죽음을 안고 있다

나의 기차

기차는 언제나 멀리서부터 와서
내가 모르는 옆모습들을 싣고 갔지
그것이 나 같은 사람도 탈 수 있는 것이란 걸 알기까지는
그리 오랜 시간이 걸리지 않았지

나는 알았지
푸른 눈밭을 지나 마술처럼 오는 기차란 없다는 것과
식빵 속처럼 환한 그 속을
우리 집 담장에 오줌을 갈기던
옆집 술주정뱅이도 애용해 왔단 걸

어디로 갔을까
내가 알던 그 길고 부드러운 옆구리들은,
성적표를 찢기고 우는 내 눈앞에 환한 위로처럼
뎅그렁 뎅그렁 차단기를 올리며 지나가던 그것은,

내게 그것은
세상에서 가장 흉악한 죄를 지은 사람이나

다시는 돌아오지 못할 곳으로 떠나는 망명가를 태운 채
기침 같은 연기를 콸콸 꽂고 지나가는
희디흰 북극곰이나 겨우 한번 돌아보는 것이어야 했지

차가운 북풍이 서려 있던
흰 얼굴의 내 아름다운 고모가 타고 떠난 그 기차를,
이역만리 죽은 고모가 다시는 타고 오지 못한 그것을
나도 꼭 한번은 타고 싶었지

그 속에서 뜨거운 초처럼
차갑게 흰 얼굴로 꽂혀 있고 싶었지

어른

반짝이는 가위로
종이 따위를 오리지 않는다

책갈피 사이
그 무엇도 꽂지 않는다

구석에 쪼그리고 앉지 않는다
서랍을 잠그지 않는다

기차의 창가 자리를 양보해도
아무렇지 않다

사랑스런 말 한마디로
밤을 새우지 않는다

오래되었다
자라지 않은 지가!
(심지어 작아지다니!)

따라다닌다
바람이 빠져나간
튜브 같은 그림자가

좋은 시인

언제부턴가 시인은 출생 연도를 시집에 적지 않았다
그때부터 시인은 젊은 시를 쓰게 되었다
태어난 곳도 시집에 넣지 않았다
그때부터 모든 곳에서 태어나기 시작했다
장미 꽃잎 속에서도 붕어의 부레 속에서도
새의 모래주머니 속에서도 태어났다
구름과 태풍 속에서도
지렁이의 내장 속에서도 주소가 생겨났다
시인은 등단지를 버리고 아무 곳에나 시를 발표했다
지하철이나 화장실 벽,
개미가 들끓는 땅바닥과 전봇대
사랑을 나누고 난 애인의 등도 가리지 않았다
시인은 출판사에 시를 보내 시집을 구걸하는 대신
아무 곳에나 시를 흘려보냈다
비에 흘려보내고
태풍에 날려 보내고
눈발과 함께 찢어버렸다
아침에 쓴 시들을 목련꽃처럼 구겨버리는 한낮

시인은 그제서야 조금 시인이 된 것 같았다
아직도 버려야 할 게 많고 많았다

바보 사막

자기가 평생 부서져 내리는
가슴인 줄 모르는
사막이 있었지

그 속에
자기에게 독이 든 줄 몰라
한 번도 그 독을 쏘아본 적 없는
전갈 한 마리 살아

더 고요하고 아름다운
사막이 있었지

해설

무위와 야생으로 진화하기

신상조(문학평론가)

1. 기억의 정념이 깃든 이곳에서

 아프리카계 미국 작가인 토리 모리슨에 따르면 기억은 흐르는 강물과 같다. 그녀는 "작가는 우리가 있었던 곳이 어디이고, 우리가 어느 계곡을 흘러왔고, 강둑의 모양은 어떠했으며, 그곳에 반짝였던 불빛과 원래의 있었던 자리로 돌아가는 길을 기억한다."라고 말한다. 모리슨의 '흐르는 강물'이 한 집단의 삶을 관통하는 기억을 두고 하는 말이기는 하나, 집단의 자리에 개인을 가져다 놓아도 그 의미의 맥락은 변하지 않는다. 기억이 문학의 주요 조건이라는 사실은 삶이 일시적이고 가변적인 서사의 수많은 집합으로 이루어져 있다는 단순한 진리를 일깨운다. 문성해의 시를 읽을 때 우리는 망각하고 있던 과거와 맞닥뜨림으로써 오늘의 현실을 감각적으로 경험한다. 이는 역방향의 경험이기도 해서, 하나의 장면이나 이야기로 재현되는 현실을 따라가다 보면 아득한 과거에 이르게 된다. 좀 더 정확하게 말한다면 문성해의 시는 과거의 기억이 아니라 과거에서 건너온 '이곳'을 노래한다. 이곳은 과거의 흔적이므로 그가 부르는 노래에는 현재의 몸과 마음을 뒤흔들고 자극하는 기억의 정념이 깃들어 있다. 시인은 과거와 현재, 기억과 현실이 공존하는 시간 감각을 "곡선"이라 지칭한다.

> 마지막 감잎이 떨어질 때
> 담장 위로 나의 늙은 고양이가 뛰어오를 때
> 첫 눈송이가 내릴 때
> 꽃이 질 때
>
> 구름의 어깨
> 밤 기차의 허리
> 누대의 재봉틀 등허리
> 아버지의 안경 테두리
> 해변의 가장자리
>
> 나는 이것이 둘러싸인 주걱으로

아침에게 먹일 밥을 푼다
　　　　　　　　　　　　　―「곡선」 전문

　담장 위로 뛰어오르는 고양이의 근육이 보여주는 날렵한 부드러움, 감잎과 첫 눈송이와 꽃잎이 지상으로 하강하며 그려내는 이미지는 둥글고 고요하다. 어깨와 허리와 등허리라는 신체 이미지, 테두리, 가장자리의 모양으로 드러나는 사물들의 이미지 역시 한결같이 원만하고 둥글다. 이것들 모두는 곡선의 모양을 한 '그림'이자 그것이 불러일으키는 '느낌'이다. 시인에게 오늘 "아침에게 먹일 밥을 풀 수" 있는 힘은 바로 이 곡선으로 둘러싸인 의식적이자 무의식적인 기억으로부터 촉발된다.

　그러나 곡선의 이미지만으로 시가 완성되지는 않는다. 곡선의 이미지는 서사를 싣고서 기적소리를 울리며 먼 산허리를 돌아 휘어져 달려오는 기차, '나'를 낳아준 어머니와 그 어머니의 어머니가 살아온 삶의 방식을 함의하는 '누대의 재봉틀', 작가 개인의 내력에 해당하는 '아버지의 안경'이 환기하는 느낌에서 의미를 찾아낸다. 그리고 이를 오늘의 '주걱'에 겹쳐놓는 과정을 완수함으로써 과거의 시간이 재구성하는 '식구들에게 먹일 밥을 푸는 아침'이라는 하나의 완결된 미학적 텍스트가 조직된다. 과거를 표상하는 기호, 흘러간 시간의 흔적이자 이미지인 곡선은 시인이 원래 있었던 자리로 돌아가는 '길'

이다. 곡선인 그 길을 따라가 보자.

　어김없이 있었다
　눈 내리는 날이면 다리 밑에서 옷을 말리던 붉은 거지들

　어디로 갔나
　왁자하게 파장처럼 마르던 그 많은 미친 옷들은,
　빠나 안 빠나 기름진 때깔의 그 살가죽들은

　골목과 길을 턱, 막고는
　여긴 나의 구역이야 돌아가 줘, 하던
　그 많던 바바리맨들은,
　꽃을 머리에 꽂고 가슴을 풀어헤친 바람의 딸들은

　봄이면 공터에서 펄럭거리던 그 많던 천막들,
　영화 〈나쁜 피〉에 나오던 드니 라방을 닮은 서커스 사내
와
　탄탄한 타이즈의 종아리들은,

　지금은 어디에도 없는 것들,
　꿈에만 외팔로 외다리로 너펄거리며 무섭게 달려와
　쌀을 주면 반찬도 좀 달라며 역정을 내던

> 그 부리부리한 눈알의 연장 같은 사내들은
>
> —「수몰지구」부분

눈 오는 날은 거지가 빨래한다는 옛말이 있다. 눈이 내려 포근한 날, 단벌옷을 벗어 빨던 다리 밑의 거지들, 여학교에만 나타나는 바바리맨들, 공터에 천막을 친 서커스단, 늘 성을 내며 꿈속에서도 눈을 부라리던 외팔과 외다리의 상이용사들, 여린 마음을 감추려 면도칼을 버리지 못하는 불량소녀, 휴거를 기다리는 광신도들, 어깨에 멘 망태기에 긴 집게로 집은 종이나 유리병을 휙휙 던져넣던 넝마주이, 그리고 당시의 사회문화적 규율과 제도 아래 훈육 받던 아이들…….

보다시피 「수몰지구」가 나열하는 사람들은 당시 감시와 차별의 대상들을 대표한다. 대중에게는 기피 대상이었고 경찰에게는 잠재적 범죄자로 취급받던 저들이 "모두 어디로 갔나"라는 반복은 몰라서 하는 질문이 아니다. 1981년 3월, 넝마주이를 비롯한 자활근로대 1,000여 명을 환경 미화라는 명목으로 서초동 정보사 뒷산으로 집단 이주시켰다가 다시 10개 지역으로 분산 이주시킨 정부 정책에서도 드러나듯, 이들은 산업화 과정에서 폐품으로 분류되었다가 강제적으로 '수장'된 존재들이기 때문이다.

첨단 기술로 건설된 댐이 수몰지구를 배경으로 하듯, 「수몰지구」는 현대의 소비자본주의 사회가 "어김없이 있었"던 소외된 이들의 흔적을 말끔히 지움으로써 경제 성장기의 그늘을 은폐하고 있음을 드러낸다. 이는 "현(現) 자본주의 사회 속 삶의 방식이 '문제적'"이던 시인의 첫 번째 시집 『자라』의 주제로 수렴되는 대목이다. 이처럼 낡은 필름을 되감듯 시간을 거슬러 펼쳐 보이는 과거란, 시인의 "문장이 거쳐 온 경로를 밝힐 수"[1] 있게 하는 단초가 된다.

2. 영원히 벗어나지 못할 것임을

"누구나 연못의 재료가 된다는 거/건너갈 수 없는 사람이 된다는 거/건너올 수 없는 사람이 된다는 거//그 이후로 물을 보면/수장된 것들이 보이곤 했다"(「연못이 된다는 거」)란 고백은 소비자본주의 사회를 살아가는 한 그야말로 '누구나' 수몰지구의 원주민들임을 말해준다. 이렇듯 소외된 공동체의 일인으로 상실의 과정을 거쳐왔다는 시적 정체성은 주체 내면의 병리성을 확인해 주는 계기가 된다. 시인이 기억하는 과거는 그가 자기 삶을 수용하거나 거부하게 만드는 강력한 내적 동기로 작용한다. 이를테면 문성해의 시는 기억의 강물에 발을 담근 언어로 '일산호수공원'을 배경으로 하는 도시에서 "두 아이를 밀

---

[1] "이 문장이 거쳐온 경로를 밝힐 수 없다"(오정국, 「붉은 사막 로케이션」)

며 끌며" 무기력한 익명의 타자로 살아온 굴곡진 내력, '일산 호수공원'이 표상하는 인공적인 공간을 끝끝내 벗어나지 못한 채 '호구처럼 헤프게' 늙어갈 미래를 예감하는 얼룩진 내면을 드러낸다.

히말라야 설산에서 눈표범 발자국을 쫓다가도 난 돌아오겠지 현지인들도 평생 한번 볼까 말까 한다는 그 은둔자를 코앞에서 놓치고 이를 갈며 돌아와 난 이곳에서 헤프게 늙을 수밖에 없음을 안다 덧붙여 말하면 동양 최대의 이 인공호수를 영원히 벗어나지 못할 것임을 안다 내 앞에서 두 아이를 밀며 끌며 오는 젊은 여자를 이십 년 전 나를 보듯 돌아보고 운동기구에서 근육 운동을 하는 늙은이들에게 스스럼없어지고 점점 젊은이의 일에 간섭하는 늙은이가 되리라는 거, 아침이면 호숫가 바위에서 몸을 말리는 자라들처럼 주름을 말리고 한 번도 건너가 보지 못한 물길을 가늠하거나 어족들의 부드러운 유영을 부러워하며 늦가을 귀뚜라미처럼 말라갈 것임을 안다 늘어가는 혼잣말과 함께, 두 아이는 어느새 자라 어깨 근육이 팔팔한 오리 떼처럼 날아가 버리고 몇 안 남은 친구들조차 하나둘 소원해져도 난 내 얼굴이 호수 속 인면어를 닮아가는 것이나 신기해하며 내 몸의 딱딱함을 완성해 나갈 것이다 마침내 아무도 나를 알아보는 사람이 없을 때까지 귀신처럼 살아갈 것

이란 이 명백함, 무엇보다 확실한 것은 내가 용케 설산으로
다시 돌아가 내가 쫓던 발자국 곁에서 눈 뜬 채 죽어가더라
도 정작 난 그토록 벗어나고자 했던 이곳을 참담하게 그리
워하리라는 거, 끝끝내 이곳은 나를 호구처럼 물고 놓아주
지 않을 것임을 안다

—「일산호수공원」 전문

  시인에 따르면 '히말라야 설산의 눈표범 발자국'은 보편타
당한 삶과는 배치되는 실존의 이상, 즉 "은둔"을 가리킨다. 눈
표범 발자국을 쫓다가 '난 돌아왔다'가 아니라 "난 돌아오겠
지"라는 미래가정형은 현실에 만족하지 못한 주체가 여전히
은둔에 대한 갈망을 포기하지 않았음을 암시한다. 사실 시는
자기를 교묘히 변론하기보다 잔인하게 고발하는 데 능한 문학
이다. 앞선 가정이 '왜 이곳으로 돌아와야 하는가' 혹은 '왜 그
곳으로 돌아갈 수 없는가'라며 자기에게 던지는 질문으로의
변용이 불가피해서일까? 시인은 '완벽히 이곳으로 돌아옴이나
그곳으로 돌아감'이 아닌 '그곳으로 돌아감의 무한한 연기'라
는 제3의 길을 선택한다. 그것은 '나'를 여기 두고 멀리 떠난 타
자로서의 삶을 상상하기, 본질적 자아를 멀리 벗어난 일상적
자아가 느끼는 상실과 그리움의 시간을 살아가기다. 그렇지만
이 시간은 "내가 용케 설산으로 다시 돌아가 내가 쫓던 발자국
곁에서 눈 뜬 채 죽어가더라도 정작 난 그토록 벗어나고자 했

던 이곳을 참담하게 그리워하리라"라는 명백한 자기혐오로 오염되어 있다. 일상적 자아로서의 '내'가 본질적 자아인 '너'를 기다리는 애틋한 외로움의 시간이 아니라, '기대'나 '희망'이 원천적으로 차단된 '절망과 환멸의 그리움으로 살아내기'인 것이다.

"아침이면 호숫가 바위에서 몸을 말리는 자라"는 한때 불이 난 한 평의 컨테이너 속에서 조심스레 기어나오던 "꼽추 여자"(「자라」, 『자라』)다. '꼽추'는 소비자본주의 사회 속에 포섭되기를 거부하며 불거진 이질성을 체화한 몸이자, 한편으로는 현대인으로의 속화를 흉물스러워하는 주체의 내면을 상징한다. 또한 '자라'는 "하루 종일 딱딱한 사무용 의자에 앉아"서 "이 도시의 하늘과 호수를 근사하게 이어 붙이"(「대화수선집」, 『아주 친근한 소용돌이』)던 수선집 여자다. 세월이 흘러도 일상을 초월하기란 쉽지 않다. 아무래도 이 여자들은 "한 번도 건너가 보지 못한 물길을 가늠하거나 어족들의 부드러운 유영을 부러워하며" 한 평 컨테이너와 비좁은 수선집에 불과한 일산호수공원에서, 중심의 가장자리를 빙빙 돌며 익명의 타자로, "딱딱한" 속물로 완성되어 가는 중이다. "닳고 닳아 배경이"(「출근길의 유령들」) 될 그녀들에게 지루한 일상은 곧 "고문"이다.

산사춘 하면 떠난 애인이 떠올라

산사나무 아래를 지나는 것조차 형벌인 나 같은 이에겐
죽을 때까지 금을 삼키게 하고
죽어선 장기를 파헤치는 탄금형과
죽순밭에 나체로 누여 죽순이 몸을 뚫어 서서히 죽게 한
다는 죽순형은
고통의 예술적 발견이란 외경심마저 든다

쇠말뚝을 머리에 박는 착전형의 고안자 상상은
신참이 고안해 낸 요참형으로 허리가 잘려나갔다는데

어떤 참신하고 글로벌한 형벌의 출시로
이 생활이라는 고문은 끝날 것인지

봄볕이 목련나무에게서 흰 뼈들을 발라내는 오후
벌집과 개망초 사이를 수천 번 오가는 형량 끝에
꿀벌들이 밀랍이라는 시를 완성시키고 있다
—「발견에 대하여」 전문

 죽을 때까지 금을 삼키게 한 후 "장기를 파헤치는 탄금형", "나체로 누여 죽순이 몸을 뚫어 서서히 죽게 한다는 죽순형", "쇠말뚝을 머리에 박는 착전형", 허리를 잘라내는 "요참형" 등 무시무시한 형이 난무한다. 허나 어떤 형도 "이 생활이라는 고

문"을 끝낼 만큼 "참신하고 글로벌" 하지가 않다. 생활을 끝장 낼 수만 있다면 피가 튀고 살이 튀는 참혹한 형일수록 "고통의 예술적 발견"이 아니겠는가. 그만큼 지긋지긋한 생활이다.

생활이 곧 형벌이기에 이를 감내하는 사람들은 감옥에 갇힌 수인(囚人)일 수밖에 없다. 문성해의 시에서 인간 일반의 삶을 수인의 삶으로 환치하는 부정적 인식은 예술에 대한 '발견'으로 확장된다. 이제 감옥에 갇힌 수인은 시인이 된다. "벌집과 개망초 사이를 수천 번 오가는 형량"의 원관념이 창조를 욕망하는 자발적 창작 행위라면, 숙명적으로 짊어진 꿀벌들의 천형을 구체화한 "밀납"의 원관념은 시다. 그렇다면 시는 왜 꿀이 아니라 꿀을 분리하고 남은 밀납이어야 하는가? 시에 어떤 의미조차 부여할 수 없다면 시는 삶을 구원하지 못한다. 「발견에 대하여」는 시와 불화하는 시인의 태도를 오롯이 드러낸다. 형벌은 달콤한 보상을 거부하는 시인의 노동과 삶 속으로 깊숙이 삼투한다. 시인이라는 자리는 창조적 욕망에 숙명적으로 착취당하는 노동의 최전선에 있는 것이다.

3. 그러니 '너'를 다시 무위와 야생으로

'해골의 나라'에는 "해골들이 바글바글한 지하철을 타고"서 "해골이 주는 월급을 타러" 가거나, "하루 종일 해골을 감싸 켠

채/감가상각비 연 매출과 싸우느라"(「해골의 나라」) 고심하는 해골들이 산다. 해골의 나라는 '불의 나라'로 불리기도 하는데, 불의 나라 시민들은 "아무것도 가져갈 수 없"지만 "모두 불이 되기 바빠서"(「불의 나라」), 활동하고 또 활동하느라 미처 그런 생각을 할 여유마저 없다.

  일상의 생활이, 심지어 창조적 시 쓰기조차 형량을 채우기 위한 형벌임은 그 모든 행위가 무위(無爲)와는 상반되는 '활동'이기 때문이다. "활동이 인간의 실존을 남김없이 흡수한다. 그리하여 인간의 실존은 착취 가능하게 된다."라는 철학자 한병철의 지적은 문학 활동에도 적용된다. 가령 출간한 시집의 판매 부수가 얼마이고 몇 쇄를 찍느냐의 문제에서 완전히 자유로운 시인은 없다. 여기에 "어디 문학상 최종심"(「시집 읽기」)에라도 오른다면 그야말로 대단한 성과다. 이로써 시인에게 무위의 나라와 무위의 넉넉함에 접근할 가능성은 영영 사라진다. 목적으로부터 해방된 삶, 즉 시인이 이름도 의도도 없이 그저 벌어지는 일에 자기를 내맡기는 "노바디(nobody, 아무도 아닌 자)"의 삶을 살아가려면 무위에 관한 벤야민의 비유처럼 만사가 이렇게 마무리되어야 한다. "이 시기에 그는 꽤 잘 지냈다. 그가 처리하는 것은 적었으며, 처리되었다고 여기는 것은 없었다." 그러므로 생활이 형벌임을 자각한 시인에게 시적 창조란 스스로가 '노바디'의 자리로 옮겨가 아무것도 생산하지 않는 무위의 삶을 선택하기다.

총칼이 아니라도 매일매일 넓어지는 영토가 있다는 것
한 사람이 공원 벤치 위에 진종일 앉아 있다는 건
어떤 오후가 전쟁도 없이 평화롭다는 거

계절은 오고 가고
오래전 대관식에서 입었던
단벌의 외투와
물푸레나무 지팡이를 짚고

응시와 사색의 제왕인 그가 앉아 있다
—「공원의 왕」 부분

 '호수 위로 고개를 쳐드는 자라와 비늘 뜯긴 물고기들, 엷은 빛깔의 옷감을 준비하는 수련들'이 남자의 고요한 눈길 속에서 평화롭게 살아간다. 그는 별다른 노력을 하지 않지만, "발치 아래"로 "정수리 위로" 비둘기와 볕과 그의 그림자로 만들어진 영토가 "매일매일" 넓어지는 중이다. 한 "소읍"의 공원 벤치에 앉아 자족을 누리는 남자는 더 많은 성과나 소비를 의미하는 강렬한 삶과는 거리가 멀다. 그의 특징이자 정체성은 진종일 "응시와 사색"으로 시간을 보낸다는 점이다. 관조와 침묵으로 일관하는 남자의 하루가 지나치게 심심하게 여겨진다면 따분함을 평계로 우리가 '죽이는 시간'들을, 사람의 일이란 "저녁이면 더러운 죄를 씻듯 발을 씻고 귀를 닦는"(「사람의 일」) 게 전부임을 떠올릴 필요가 있다.

오로지 "노동과 성과를 통해 삶을 지각"하는 우리와 달리, 고요와 관조의 쉼에 머무르는 그는 기능성과 효용성으로 포장된 길에서 탈선해 한껏 사치스럽고 생동감 넘치는 자유를 누리고 있다. 이 '공원의 왕'에게는 생존을 위한 염려, "단지 삶일 뿐인 삶의 고난"이라든가 "자극과 반응의 패턴, 욕구와 충족의 패턴, 문제와 해답의 패턴, 목표와 행위의 패턴"이 모조리 부재한다. 단벌의 외투와 물푸레나무 지팡이가 그의 소유 전부여도 충분함은, '공원의 왕은' 더 이상 아무것도 치장할 필요가 없는 무위라는 "신성한 찬란함"을 얻었기 때문이다.[2]

호수가 있는 공원의 벤치는 "잠시 머무는 곳"이고, "그해 겨울 이곳의 주인이고 살림이고 체온이었던 그"가 공원 벤치에 "서표처럼 꽂혀 있던 부랑자"(「벤치」)였음을 우리는 모르지 않는다. "내장탕집과 철판구이집 사이"에 "속옷 차림으로 서 있는"(「빵구나 뻥」) 광녀, "학교도 가지 않고" 대형 매장의 "시식 코너를"(「대형 매장의 존재 가치」) 도는 여중생, "여름인데도 몇 겹의 옷을 구름처럼 껴입"은 채 "검붉은 생리혈"(「야생」)을 의자에 묻히고 다니는 여자 모두 정상에서 벗어나 있기는 마찬가지다. 이들은 디지털 시스템이 스마트하게 돌아가는 현대적

---

2) 한병철, 『관조하는 삶』(2024, 김영사)

공간 속에서 오히려 고립된 처지가 두드러지는 존재들이다. 그러나 시인은 「야생」에서 "손도끼만 안 들었지/핏덩이를 동굴 속에 두고 먹을 걸 수렵하러 나온/고대의 여자 하나 머리를 산만큼 틀어 올리고 서 있었다"라며 감탄한다. 표준화된 자본주의 시스템에서 벗어난 '야생'은 문성해의 시에서 엄연히 실재하는 다른 삶의 가능성이다. 예컨대 '너'를 여자도 남자도 아닌, 아이도 어른도 아닌 존재로 만든 후 새로 만들고, 다시 그 새를 물고기로 돌려놓는 상상(「다이빙대—데이비드 호크니」)은, 우리의 인식과 감각을 재배치함으로써 생생하고 역동적인 삶을 희구하려는 노력이다. 시인은 샌들 하나로 산을 넘는 셀파(「셀파」)와 "푸른 정어리 떼처럼"(「숨의 방식」) 바다에서 몸을 솟구치는 해녀, 혹은 산지기의 딸이나 산지기를 꿈꾼다.

이다음에는 젊은 산지기의 딸로 태어나고 싶습니다
아침이면 그가 빠져나간 더러운 이불 속에서
털털거리는 트럭이 산을 깨우는 소리를 듣겠습니다
통통하고 우는 법이라곤 모르는 어린 딸로
그가 해놓은 나물무침과 신김치를 저녁까지 아껴 먹겠습니다
자리공이 물 없이도 자라듯 무럭무럭 나는 자라나
누가 가르쳐준 적 없어도 첫밥을 짓고
말려놓은 산나물도 솜씨 좋게 무쳐놓겠습니다

어느새 누추한 아비의 부엌은 내 차지가 되어 반들거리
겠지요
풀물 밴 옷도 새하얗게 빨아 널며
신비가 없는 시절
그런 게 신비란 걸 알아가겠습니다
사내라면 아비밖에 모르던 나도 때가 되면
산지니가 이소하듯 산을 내려가겠지요
저녁의 마당, 어둑한 산그림자가 내리면
길고 험한 등줄기 하나를 떠올리겠지요

그리하여 또 다음 생에는
크고 붉은 발의 산지기로 태어나겠습니다
이해 못 할 생의 비의(悲意)를 나는 또 이해받기 위하여
—「백만 번 태어나는 사람」전문

젊은 산지기의 딸에서 크고 붉은 발을 가진 산지기로 이소를 거듭하는 생의 비의(悲意)는 신비스럽다. 어미가 없이도 무럭무럭 자란 어린 딸이 깊은 산속 외딴집에서 아비의 밥을 짓는 정경은 묘한 환(幻)의 분위기를 가진다. 산지기와 그의 어린 딸과 트럭이 전부인 산속의 삶이 '은둔'을 환기한다면, 장성한 딸이 산을 내려가는 모습에는 '유랑'의 이미지가 녹아 있다. 전혀 다른 것처럼 여겨지는 은둔과 유랑은 생의 비의라는 정

서를 공유한다. 물고기나 산지기의 딸을 꿈꾸는 상상력은 현실과 비실재 간의 경계를 허물며 '야생의 삶'이라는 새로운 존재 가능성을 제시한다. 빠르고 편리한 문명에서 느리고 위험한 야생으로, "허파에서 아가미로"(「숨의 방식」) 바뀌는 호흡법은 문성해의 시에서는 퇴화가 아니라 진화다. '무위'는 인간 존재의 근원이자 본질적인 힘이고, 권력과 자본으로 포획된 세상 바깥의 '야생적 삶'이야말로 우리가 당도해야 할 오래된 미래라고 시인은 믿는 눈치다. 이는 앞서 '히말라야 설산의 눈표범 발자국'을 쫓는 삶과도 상통한다.

시인은 "겨우 숟가락 자루나 부러뜨리고/그 위에 붉은 녹이나 입히고/사금파리나 남"(「사람의 일」)기는 사람의 일이 '진짜' 사람의 일인가를 계속해서 의심한다. 문성해의 시가 마음을 기울이는 쪽으로 시선을 두다 보면 일상이 캄캄해지는 몰락의 순간이 있다. 잊고 있었던 자명한 현실이 눈을 뜨는 순간이다.

시인동네 시인선 254

너를 다시 물고기로 만들고 싶어서
ⓒ 문성해

초판 1쇄 인쇄	2025년 5월 22일
초판 1쇄 발행	2025년 5월 30일
지은이	문성해
펴낸이	김석봉
디자인	헤이존
펴낸곳	문학의전당
출판등록	제448-251002012000043호
주소	충북 단양군 적성면 도곡파랑로 178
전화	043-421-1977
전자우편	sbpoem@naver.com

ISBN 979-11-5896-693-5 03810

*이 책의 판권은 지은이와 문학의전당에 있습니다.
*양측의 서면 동의 없는 무단 전재 및 복제를 금합니다.
*잘못 만들어진 책은 바꿔드립니다.
*이 시집은 경기도, 경기문화재단의 지원을 받아 발간되었습니다.